EVA REDEN
Herausgegeben von Sabine Groenewold

Band 12

ALEXANDER MITSCHERLICH

Über Feindseligkeit und hergestellte Dummheit –
einige andauernde Erschwernisse
beim Herstellen von Frieden
Rede anläßlich der Verleihung des
Friedenspreises des Deutschen Buchhandels
am 12. Oktober 1960 in der Frankfurter Paulskirche

        Mit einem Essay von
        HANS EBELING

Europäische Verlagsanstalt

Die Rede: Kunst
der öffentlichen Einmischung und
gesellschaftlichen Willensbildung. Kunstform,
in der Pathos und Vernunft, Leidenschaft und Gewalt,
Freiheit und Abhängigkeit eine beunruhigende
und ideale Verbindung eingehen, in der Innen
und Außen, Überzeugung und Überredung
zur Einheit gebracht sind und
Wandel bewirken.

INHALT

Alexander Mitscherlich
Über Feindseligkeit und hergestellte Dummheit –
einige andauernde Erschwernisse
beim Herstellen von Frieden

Rede anläßlich der Verleihung des
Friedenspreises des Deutschen Buchhandels
am 12. Oktober 1969
in der Frankfurter Paulskirche

Hans Ebeling
Der abhanden gekommene Krieg und
die Unmöglichkeit des Friedens

I Zeitvergleich
II Das Verdienst
III Todestrieb?
IV Jugendkatastrophe
V Alles besser als Krieg
VI Friedenslösung

ALEXANDER MITSCHERLICH

Über Feindseligkeit und hergestellte Dummheit – einige andauernde Erschwernisse beim Herstellen von Frieden.
Rede anläßlich der Verleihung des Friedenspreises des Deutschen Buchhandels am 12. Oktober 1969 in der Frankfurter Paulskirche

Verehrter Herr Bundespräsident, Exzellenzen, meine Damen und Herren, meine sehr geehrten ehemaligen Kollegen vom Buchhandel,

den Friedenspreis, den Sie mir heute verleihen, habe ich mit Dankbarkeit angenommen.

In all seinen Teilstücken ist Frieden immer gefährdet; darauf muß man sich wohl einstellen. Nicht ohne ein Gefühl der Wehmut und eines für das ironische Moment, das hier enthalten ist, habe ich deshalb den Unfrieden beobachtet, der um Preis und Verleihungsmodus entstanden ist. Dieser Unfrieden hat mich bis in meinen persönlichen Lebensbereich hinein verfolgt.

Erwarten Sie bitte keine laute Schelte. Der Beruf, den ich ausübe, ist kein lauter. Als Psychoanalytiker höre ich zu, suche zu verstehen, bemühe mich, in der Erkenntnis der Konflikte meiner Patienten ihnen ein kleines Stück vorauszusein, um ihnen damit zu helfen. Bei dieser Vorsicht der Beobachtungen muß ich auch in diesem Augenblick bleiben. Ich bitte aber, daraus nicht zu folgern, daß ich nicht des ungeheuren Maßes von Unfrieden und Ungerechtigkeit in der Welt gewahr oder keiner starken Gefühle fähig wäre. Was ich von der Welt in Erfahrung bringen konnte, hat mir nur wenig Hochachtung vor der Weisheit der Herrschenden abgefordert. Ich habe Verständnis für den Haß der Unterdrückten. Wird er aber helfen, in der Zukunft die Humanität zu mehren? Darf ich zu dieser Problematik ein geographisch entlegenes Beispiel, das deshalb gewiß nicht außerhalb der Welt liegt, anführen? Hoffentlich gibt uns die räumliche Distanz zu einem skandalösen Sachverhalt die Möglichkeit, ihn von eigenen Interessen weniger berührt, aber dennoch leidenschaftlich genug zu untersuchen. Dieser Skandal ist die unmenschliche Sorglosigkeit, die sich in einem Bevölkerungszuwachs von jährlich dreieinhalb Prozent in Brasilien ausdrückt. Wir Europäer leiden bereits unter einem halben Prozent. In jenem Land ist nicht die geringste Vorbereitung für eine Geburtenregelung getroffen, weil die katholische Glaubenslehre das verbietet. Nach zwanzig Jahren wird sich die Bevölkerung verdoppelt haben. Aber keine freundliche Hand, kaum ein verstehendes Wort wird diese Menschenströme zu irgendeiner Form von Selbstbestimmung führen können. Wer soll diese entfesselte Vermehrung dann eindämmen, die Aggression dieser ungebeten erschienenen Massen in sozial erträgliche Bahnen leiten, ehe sich die schrecklichsten Katastrophen ereignen? Dies im Namen eines Religionsstifters, der eine bis dahin unbekannte Menschenliebe gefordert hat. Wenn ich an vermeidbaren – wenigstens verminderbaren – Unsinn oder den Starrsinn der Herrschenden denke wie in solch einem Fall, habe ich starke Gefühle; dann muß ich mich im Zaum halten, damit nicht auch mir Zorn und Verzweiflung in Haß umschlagen. Aber Haß, so habe ich einsehen müssen, wenn er undurchdacht bleibt, verdirbt die Humanität. Die Energie des Zorns muß umgesetzt werden, ehe sie in Haß erstarrt.

Ich kann mich bei Ihnen nicht als eine Art Vorbeter haßvoller Parolen beliebt machen. Genügend Menschen sind mit dem Aussprechen solcher Anklagen beschäftigt und erwarten gleiches bei jeder Gelegenheit, also auch jetzt von mir. Das mag oft aus Not und berechtigter Sorge geschehen. Es ist trotzdem nicht mein Beitrag.

Bevor ich von einigen andauernden Erschwernissen beim Herstellen von Frieden spreche, noch ein Wort zum Friedenspreis selbst. Er hat in der Welt Aufmerksamkeit erweckt. Das scheint mir nicht unverständlich, denn in der Geschichte der letzten zwei bis drei Generationen finden sich nicht viele Beispiele, in denen sich das Wort deutsch mit dem Wort Frieden auf glaubhafte Weise hätte verbinden lassen. So verstand man wohl unseren Friedenspreis in Zusammenhang mit dem Versuch, einen uns liebgewordenen Charakterzug: das Martialische abzulegen. Ich frage mich aber, ob dieses Martialische nicht im Streit zwischen Bücherschreibern und Büchermachern und im Streit um die Verleihung des Friedenspreises aufgebrochen ist, gleichsam bei alt und jung wieder durchschlug. Natürlich weiß ich, daß verhärtete Institutionen sich nur rühren, wenn sie heftig und ausdauernd attackiert werden. Trotzdem muß ich fordern, daß gerade die progressiven »Protestanten«, wenn ich sie so nennen darf, die sich der Sache der Humanität in ihrem Bewußtsein verschrieben haben, sich um bessere Selbsterkenntnis bemühen als sonstwer. Das schließt aber ein, daß sie für das Martialische in sich selbst hellhöriger werden, als ihre Gegner es in der Vergangenheit gewesen sind. Das freizügig brutalisierte Vokabular und manchen Auftritt, der dem Fortschritt dienen sollte, konnte ich nur als Entsublimierung, als Rückfall in Imponiergehabe verstehen. Dabei bin ich mir dessen bewußt, daß ich hier einen Widerspruch formuliere: Das Martialische ist offensichtlich zuweilen unvermeidlich, aber es bringt zugleich ständig die Gefahr hervor, das Ziel selbst zu werden, statt ein mögliches Mittel zu bleiben.

Überblickt man den Erdball als ganzen, dann kann freilich dieser unser Friedenspreis nur als Trostpreis für Erfolglosigkeit verstanden werden. Man könnte geradezu fragen: Werden hier Narren ausgezeichnet, die allem Augenschein zum Trotz an der Möglichkeit friedlicher Konfliktlösungen zwischen Menschen festhalten? Dieser Frage läßt sich aber mit der übergeordneten begegnen: Liegt diese Chance zur friedlichen Bearbeitung von Konflikten auf der Linie der Evolution, eines geschichtlichen Fortschritts, der hinführt zu einer gerechteren Verteilung der materiellen und geistigen Güter dieser Welt? Oder ist das eine unerfüllbare »Humanitätsduselei« – ein Wort, das schon wieder zu hören ist und das mir aus den dreißiger Jahren durchaus noch in Erinnerung steht?

Dies als Anmerkung zum Friedenspreis; solange er eine Funktion erfüllt, wird mit seinen Preisträgern etwas von der Anstrengung sichtbar werden, die es kostet, für den Frieden sich friedlich einzusetzen, wo viele längst glauben, Lösungen seien nur noch mit Brachialgewalt zu erreichen.

In dieser tiefreichenden Meinungsdifferenz – ob und wann man für den Frieden kriegerische Mittel einsetzen dürfe – ist Friedens*forschung* dringend angezeigt. Denn Frieden fällt uns nicht in den Schoß, Frieden zwischen Völkern, die einen weit voneinander entfernten Bewußtseinszustand repräsentieren, Frieden innerhalb sozialer Gruppen, die von oft versteinerten Einzelinteressen gelenkt werden. Da wir schönen Worten zum Trotz nur unter Pein bereitender Anstrengung über egoistische, oft unwahrscheinlich kurzsichtige Zielsetzungen hinauskommen, ereignen sich Kollisionen auf allen Ebenen, von den alltäglichsten Erwartungen bis zu bedeutungsschweren Widersprüchen. Dabei sind drei Unheil gebärende psychische Prozesse im Spiel; alle drei bewußtseinsflüchtig und deshalb Schutzmächte der Selbsttäuschung: 1) der Prozeß der *Verschiebung* von Affekten auf einzelne oder Gruppen in der Außenwelt (nicht ich oder wir hassen, die anderen hassen); 2) der Prozeß der *Projektion* von inneren Konflikten (nicht ich oder wir, die anderen verstoßen gegen Gesetz, Gewissen, Menschlichkeit); 3) schließlich der Prozeß der *Verleugnung* (ich oder wir haben überhaupt jene schimpflichen Wünsche nicht, die mir oder uns höchst unbilligerweise zugeschrieben werden). Jeder dieser drei Prozesse stützt den anderen. Sie sind ebenso zwischen Individuen am Werk wie im Verkehr ganzer Nationen. In dieser Größenordnung drohen sie politische Gleichgewichtssysteme zu zerstören und haben es immer wieder vermocht. Daraus folgt ein neues Verständnis der Struktur des Friedens. Er muß (psychologisch) als Merkmal eines in ständiger Bewegung befindlichen und zwar befriedigenden Gleichgewichtssystems affektiver Beziehungen verstanden werden. Freundlicher

Kontakt macht auch auf der Ebene harter Realitäten möglich, was bei gespannten oder feindlichen Verhältnissen zur Unmöglichkeit wird. Es ist ein der speziellen Friedensforschung würdiges Ziel zu analysieren, wieviel im Verkehr zwischen BRD und DDR von den Prozessen Verschiebung, Projektion, Verleugnung Gebrauch gemacht wurde, und zwar von beiden Seiten, und wieviel deshalb »unmöglich« wurde (in jedem Hintersinn des Wortes), was objektiv keine unlösbare Aufgabe darstellte.

Konzipiert man Frieden nicht derart dynamisch, sondern statisch, so bleibt man an der Oberfläche. Die Beschreibung wird nichtssagend: Es herrscht Waffenruhe, und dann brechen wieder – unvorhergesehen und unkontrollierbar – feindselige Zwiste in diese scheinbare, friedliche Statik ein.

Ebenso notwendig wie eine psychologische Analyse friedlicher Gleichgewichte ist aber auch die kriegerischer Unternehmungen. Das Kriegführen bringt hohe Risiken; um so erstaunlicher ist es, wie es einer Clique, einer Interessengruppe immer wieder gelingt, ihre Mitmenschen dazu zu bringen, dieses Risiko des Verlustes von Leib und Leben, Hab und Gut auf sich zu nehmen. Bei aller physischen Macht, über die Staatsapparate verfügen, könnten sie das nicht ohne ein psychisches Entgegenkommen. Man muß annehmen, in vielen von uns bestünde unbewußt bleibend ein hohes Maß von Destruktionsbereitschaft und insbesondere von

Neigung zur *Selbst*destruktion, die leicht erregbar sind. Sonst würde nicht erst das Ansinnen, am Kriegführen sich zu beteiligen, sondern schon die Verpflichtung, sich zum Kriegführen abrichten zu lassen, auf mehr Widerstand stoßen. Unsere Moral lehrt uns, nicht zu töten – auch nicht uns selbst –, offenbar gegen einen uneingestandenen Hang, gerade dies zu tun. Das ist der Ansatzpunkt der Verführbarkeit zum Krieg als Handwerk.

Neben den *spezifischen* Kriegsvoraussetzungen – der aktuellen Vorgeschichte eines Krieges, durch faktische Bedrohung, durch soziales Elend, unerträglich gewordene menschliche Not – gibt es *allgemeine* Voraussetzungen, die nur auf der seelischen Eigenart des Menschen als Gattungswesen beruhen können. Ohne eine Veränderung der *psychischen* Konstitution – eine quasi qualitativ neue Stufe der kulturellen Entwicklung, ein erweitertes und gestärktes Bewußtsein – kann kaum mit einer Minderung der Kriegschancen gerechnet werden. Wie aber diese bisher unbefriedbare Konstitution des Menschen in solcher Richtung ändern? Hier wird Friedensforschung unmittelbar zu anthropologischer Forschung: Erforschung menschlicher Motive.

Zwei Faktoren lassen sich benennen, die ernstlich im Laufe der Geschichte einer Entwicklung zu größerer Friedlichkeit im Weg standen. Sie tun es immer noch. Es sind dies die leicht weckbare Feindseligkeit des Menschen gegen seine Artgenossen und die, wie man zu sagen pflegt, unausrottbare Dummheit. Ich hebe diese beiden Faktoren aus vielen anderen heraus, die ich nicht leugne. Die kombinierten Funktionen von Feindseligkeit und hergestellter Dummheit scheinen mir besonders dringlich nach Untersuchung zu verlangen.

Die Fähigkeit, in Lebenslagen von sehr unterschiedlichem Gewicht sich aggressiv zu verhalten, geht auf eine aggressive Grundbegabung der Gattung Mensch zurück. Die Zielvorstellung aller Kultur, sobald das nackte physische Elend überwunden ist, besteht demnach in der Milderung der feindseligen und zerstörerischen Formen von Aggression durch die Förderung ausgleichender seelischer Kräfte wie Mitgefühl, Verständnis für die Motive des anderen und ähnliches.

Dieser Förderung steht die Dummheit im Wege. Ich meine damit nicht die Begabungsdummheit, sondern die *anerzogene Dummheit*, die sorgfältig durch Erziehung zu Vorurteilen herbeigeführte Dummheit. Im Erfolgsfall solcher Erziehung – und er tritt leider massenhaft ein – ersetzt dann bei dem Versuch einer Konfliktlösung mit steigender Erregung das Vorurteil die Arbeit kritischer Reflexion. Vor allem zeigt sich eine verstärkte Unfähigkeit, eigene Probleme unbestechlich zu betrachten. Gerade darin weiß sich das Individuum von seiner Gesellschaft beschützt. Denn deren Auftrag lautet dann nicht: denke, beobachte, wäge ab, sondern:

handle in Konformität, so, wie alle handeln! Das kann zu heroischen Leistungen beflügeln, aber auch zu ungeheuerlichen Selbsttäuschungen. Beides haben wir erlebt. Wegen dieser Blindheit spreche ich von hergestellter Dummheit.

Sie leistet der feindseligen Aggression kräftig Vorschub, weil sie die Neigung erweckt, einen Sündenbock zu finden, Aggression überhaupt nur außerhalb des eigenen Ich zu sehen. Damit steht dem Ausagieren der Feindseligkeit kaum noch etwas entgegen. Sie nimmt vielmehr ihren mehr oder weniger geplanten Lauf.

Was wir soeben beschrieben haben, ist eine Situation gesellschaftlich herbeigeführter Aggression: Die Gesellschaft ist nicht zuletzt deshalb Gesellschaft, weil sie von solchen gemeinsamen Vorurteilen viel weitgehender bestimmt wird, als wir uns dies gewöhnlich eingestehen.

Über den Ursprung der Aggression ist es bisher zu keiner übereinstimmenden Auffassung in der Forschung gekommen. Mit der Neigung, den Menschen weniger als Wesen auch mit einer Naturgeschichte, sondern ausschließlich mit sozialer Geschichte zu sehen, tritt in neuerer Zeit wieder die Auffassung in den Vordergrund: Feindselig reagiere der Mensch nur auf das, was die Gesellschaft ihm als Individuum an Enttäuschungen und Leid zufüge. Von Natur aus sei er friedfertig. Ich teile diese Auffassung nicht. Was ist das für eine »Natur«, die bis heute nie endgültig zum Zuge gekommen ist? Woher kommt es, daß *der* Mensch friedfertig sein soll, *die* Menschen aber von Generation zu Generation voller destruktiver Phantasien sind, die sie auch ausleben? Ist dieser Glaube an die gute Natur nicht eine Illusion, die das Erkennen der psychischen wie der sozialen Realität verstellt? Da scheint es mir besser, Feindseligkeit gegen seinesgleichen als ein leicht weckbares seelisches Bedürfnis des Menschen im Rahmen seiner Aggressivität, als Artmerkmal anzuerkennen und der Gesellschaft die Aufgabe zuzusprechen, sie zu mildern.

Der Mensch ist ein Gemeinschaftswesen, und deshalb ist es müßig zu fragen, wie sich seine Aggression ohne Gesellschaft entwickeln würde. Andererseits wissen wir, daß Aggression ebenso wie die Liebesfähigkeit sehr wandelbar ist. Man darf die energetische Grundkraft, welche die Aggression speist, nicht nur in der destruktiven Richtung am Werke wähnen. Es ist fraglich, ob ohne diese Grundkraft Handeln überhaupt zustande käme. Dabei ist es unbestritten, daß sich das Ziel des Handelns unter dem Einfluß von Enttäuschungen leicht in der Richtung der Feindseligkeit, der Destruktion verschieben kann. Wir sind fähig, Verheißungen zu widerstehen, die eine unmittelbare Befriedigung ankünden, und dies zugunsten weiter gesteckter Ziele. Wir lernen also, uns in einen differenzierten Handlungszusammenhang, wie ihn jede Kultur darstellt, einzufügen. Trotz dieser Formbarkeit sollten wir uns der Grenzen unserer Kulturfähigkeit bewußt bleiben. »Das gern verleugnete Stück Wirklichkeit hinter alledem«, schrieb Freud, »ist, daß der Mensch nicht ein sanftes, liebebedürftiges Wesen ist, das sich höchstens, wenn angegriffen, auch zu verteidigen vermag, sondern daß er zu seinen Triebbegabungen auch einen mächtigen Teil von Aggressionsneigung rechnen darf.« »Infolge dieser primären Feindseligkeit der Menschen gegeneinander ist die Kulturgesellschaft ständig vom Zerfall bedroht.« (Ges. Werke XIV, Das Unbehagen in der Kultur, S. 470 f.) Etwas später spricht Freud davon, daß »das größte Hindernis der Kultur die konstitutionelle Neigung der Menschen zur Aggression gegeneinander« sei. (S. 503). Für ihn blieb es eine ernste Frage, ob der Mensch die Beschränkungen, welche seine Kultur von ihm verlangt, verzeihen könne. Jedenfalls war keine der Kulturen bisher vor selbstzerstörerischen Kräften, vor in ihr entstehender Feindseligkeit gesichert, Feindseligkeit, die dann auf andere Gruppen, andere Völker verschoben und projiziert wurde und zu Kriegen und Bürgerkriegen führte.

Der Sachverhalt bleibt also bedenkenswert – wenn er auch ein noch ziemlich dunkles Feld unseres Wissens umschreibt –, ob in der menschlichen Aggression Triebkräfte enthalten sind, welche unmittelbar zur Zerstörung drängen, oder ob sich die

Verwandlung von aggressivem Triebgeschehen in destruktives erst beim Umgang von Mensch zu Mensch vollzieht. Sicher ist nur soviel, daß wir alle Aggressionen haben und daß für unser und anderer Glück und Unglück außerordentlich viel von dem persönlichen und sozialen *Schicksal* dieses Triebes abhängt. Schicksal meint hier, wie wir angeleitet werden – oder eben nicht! –, mit unseren aggressiven Bedürfnissen umzugehen und mit den Anforderungen, welche andere, aus den gleichen Bedürfnissen, an uns stellen. Welchen Grad von starrer Unbelehrbarkeit oder Reflexions- und Lernfähigkeit wir dabei entfalten, bestimmt entscheidend unseren Lebenslauf.

Hier verschmelzen zwei große Felder der Erziehung: Erziehung im Umgang mit elementaren, natürlichen Lebensbedürfnissen (wie der aggressiven Triebkraft); und Erziehung im Umgang mit der äußeren Realität. In beiden Bereichen beginnt Erziehung als Dressaterziehung. Sie sollte zur Stärkung unserer Fähigkeit, selbständig zu entscheiden, über diesen Rahmen hinaus fortschreiten. Aber eben dieses Fortschreiten war historisch nicht die Regel. Vielmehr wurde im Rahmen der Herrschaftsverhältnisse, oft mit erstaunlicher strategischer Sicherheit, Dummheit in großem Stil hergestellt. Es ist die Aufgabe der gegenwärtigen und kommender Gesellschaften, die Prozesse kritisch zu untersuchen, mit denen sie ihre Mitglieder zu Sozialwesen formen. Fast alle tieferreichenden Einsichten verdanken wir bisher der Analyse individueller Erziehungsschicksale. Erst wenn es uns gelingt, am Einzelfall beispielhaft die Entstehungsgeschichte sozial hergestellter Dummheit aufzuhellen, sind wir in der Lage, auf sie gezielt Einfluß zu nehmen. Damit öffnet sich mittelbar eine nicht zu verachtende Chance, die Tendenz der aggressiven Triebregungen dort zu verringern, wo sie die Richtung auf Destruktion oder Selbstdestruktion einschlagen. Statt dessen lassen sich Befriedigungen eröffnen, die den dumm gemachten, den eingeengten Menschen bis dahin verschlossen waren.

Aber war Dummheit nicht vielfach in der Geschichte ein erwünschtes Produkt der Erziehung – ein Produkt der Notwehr gegen den Kulturzerfall? War dieser Drill zu unkritischem Glauben, zu durch Vorurteile sicher lenkbarem Verhalten nicht nahezu das einzig verfügbare Mittel gegen das »Kulturhindernis der Aggression«? (Freud, S. 504). Das wird man kaum verneinen können. Aber die Grenzen dieser Sozialisierungstechnik sind auch immer deutlicher zu erkennen. So wie primitive Formen unseres persönlichen Gewissens uns daran hindern, kritisch zu fragen, z. B. wo ein Glaubenstabu verhängt ist, so hat sich historisch auch in den menschlichen Gesellschaften immer wieder ein System von kollektiv anerkannten Gewissensgeboten, ein primitives »Kultur-Über-Ich« herausgebildet, das nicht kritisch untersucht, und dieses System durfte nicht in Frage gestellt werden und darf es an vielen Orten noch nicht.

Diese archaische pädagogische Arbeit ist aber letztlich immer wieder gescheitert. Zu einer von Vernunft bestimmten Triebkontrolle hat sie nicht genug angeleitet, aber sie hat Unterdrückungs- und Verschiebungsmechanismen gefördert und damit auch ungewollt das Aufstauen eines aggressiven Triebüberschusses. Der einzelne blieb unter Tabuschutz, hatte Sicherheit, wurde aber dafür zeitlebens kindlich abhängig, ich-schwach gehalten. In diesem Zustand war er in vieler Hinsicht leicht auszubeuten.

Es scheint mir keine Selbstüberschätzung der Psychoanalyse, wenn sie die hartnäckige Wiederholung einer grundsätzlich untauglichen Sozialisationsmethode auf den Mangel an psychologischer Einsicht zurückgeführt hat. Das kann man am Gebot »Liebe deinen Nächsten wie dich selbst« beispielhaft erläutern. Freud erkannte, daß es »die stärkste Abwehr der menschlichen Aggression« darstellt, aber eben auch, daß es »ein ausgezeichnetes Beispiel für das unpsychologische Vorgehen des Kultur-Über-Ichs« ist. (S. 503) Triebregulierung ist notwendig, aber wir gestehen uns nicht gerne ein, wie bedroht die triebeinschränkenden Mechanismen durch die Triebe selbst sind. Diese Notlage versuchen wir gleichsam in einer Flucht nach vorn, durch überhöhten Anspruch an die Freiheit des Entschlusses zu überspielen. Wir tun so, als seien wir absolute Herren im eigenen Haus. In Wahrheit ist aber die Forderung nach uneingeschränkter Nächstenliebe undurchführbar; »eine so großartige Inflation der Liebe kann nur deren Wert herabsetzen, nicht die Not beseitigen« (ebd.). Ein nicht unwesentlicher Aspekt der vielzitierten Bildungskatastrophe – das zeichnet sich recht deutlich ab – ist darin begründet, daß wir in einem Zeitabschnitt unabsehbaren technischen Fortschritts – wozu auch das Ausmaß an raffinierter psychischer Beeinflussung gehört – die Fundamente eines statischen Bildungstypus, des Drilltypus, beibehalten haben. Statisch heißt hier, daß in weiten Gebieten nach wie vor Glaubens- bzw. Vorurteilsantworten eingeübt werden; die gleichen Antworten Generation nach Generation, z. T. Status- oder Rassenvorurteile. Die Inhalte, welche diese Bildung vermittelt, bleiben der gesellschaftlichen Entwicklung nicht auf der Spur. Menschen, die diesen Bildungstyp durchlaufen haben, entwickeln sich in der Regel zu unpolitischen Bürgern.

Ungeübt im kritischen Abwägen der vorgefundenen sozialen Formen, sind sie kaum zu alternativem Denken in der Lage; angesichts der Tatsache, daß wir aus denkbaren und möglichen Zukünften die herausfinden müssen, in der es sich lohnt zu leben – ist *das* ein prekäres Versagen.

Soviel kann der Psychoanalytiker in dieser Notlage sagen: Ohne verstehendes Eindringen in psychische Prozesse, besonders in die unbewußten, ist keine einigermaßen verläßliche Basis für selbständiges Denken zu erwarten. Ohne solche psychologischen Grundkenntnisse ist aber auch keine effektive Friedensforschung zu betreiben; und schließlich ohne lange geübte Introspektion, ohne Erkenntnisinteresse an den eigenen Affekten bleibt die Füllung des politischen Raumes Zufällen ausgeliefert. Von politischer Planung kann kaum die Rede sein. Ihr bedeutendster Mangel scheint mir im psychologischen Dilettantismus zu liegen (oder im taktischen Mißbrauch psychischer Anfälligkeit, was im Effekt dasselbe ist). Aber das muß auf einem anderen Blatt verzeichnet werden.

Der Versuch, den intensiven Wirkungszusammenhang zwischen Aggression und sozial erzeugter Dummheit sichtbar zu machen, kann sich auf das Wort berufen: »Dummheit und Stolz wachsen aus einem Holz«. Stolz, wie es hier das Sprichwort anklingen läßt, ist eine angriffsfreudige Leitlinie des Verhaltens, die Perversion des natürlichen Selbstgefühls in seine übermäßig selbstbezogene Kränkbarkeit oder in ein aggressives Verlangen nach Bewunderung, Unterwerfung. Die Gültigkeit des Sprichwortes läßt sich auch auf Gruppenverhalten erweitern; das hieße dann: Nationale Dummheit und nationaler Stolz wachsen aus einem Holz.

Insofern dieser nationale Stolz eine hohe kriegstreibende Kraft darstellt, muß man einen Satz in Frage stellen, der den *affektiven* Anteil am Zustandekommen kriegerischer Verwicklungen verharmlosen möchte. Nur ein psychologisch unaufgeklärter Kopf kann formulieren, der Krieg sei die Fortsetzung der Politik mit anderen Mitteln. Krieg ist ganz im Gegenteil mit einem partiellen Außerkraftsetzen des Gewissens verknüpft, insofern er die Tötung von Artgenossen erlaubt und herbeizuführen trachtet. Mit dem Eintritt in den Krieg vollzieht sich das Hereinbrechen von etwas gänzlich anderem. Krieg unterscheidet sich *grundsätzlich* von Politik. Kriege können geplant werden, und sie werden es. Sie werden durch Rüstungen vorbereitet, durch eskalierende Drohungen eingeleitet. Wenn dann aber einmal Krieg ausbricht, dann kann dies nicht ohne eine Revolution im psychischen Zustand derer geschehen, die an ihm beteiligt sind. Das Wegfallen der Tötungshemmung von Mitmenschen bedeutet eine tief eingreifende Energieverschiebung im seelischen Bereich. Das alte Gewissen wird seiner Einsprachekraft beraubt und durch neue Ideologien so verändert, daß es keinen Einwand mehr dagegen erhebt, wenn nun eine neue Ebene kollektiver Asozialität ungeniert zum Zuge kommt: Es wird geplündert, geschändet, gefoltert, exekutiert. Unbesorgt werden Dinge getan, die im heimischen Bereich zwar auch geschehen, aber dann nur unter dem Einspruch der normalerweise in uns wirkenden Gewissensmacht und nur unter der Drohung sozialer Sanktionen.

Erst wenn man sich die Verschiedenartigkeit der Situationen vergegenwärtigt, in denen es zu kriegerischen Verwicklungen in der Geschichte kam, erwirbt man langsam einen Blick dafür, daß in der jeweiligen Dynamik die offenbaren Kriegsgründe die tieferen und verborgeneren, in unserer Natur verankerten verdecken müssen. Dies gilt für jede kriegführende Partei.

Kriege waren in der Vergangenheit offenbar unvermeidlich. Solange wir nicht einen entscheidenden Schritt vorwärts bei der Gestaltung aggressiver Bedürfnisse gemacht, das heißt, unsere Erkenntnisse über ihre Entstehung und Formbarkeit vermehrt haben, ist jeder, der die menschliche Aggression zu verharmlosen geneigt ist, ein unverantwortlicher Wunschdenker. Noch gefährlicher sind freilich die anderen, die aus einer angeblichen Unbeeinflußbarkeit der Aggression ein sozialdarwinistisches Weltbild ableiten.

Ich resümiere: Die Feindseligkeit des Menschen kann mit Hilfe der Analyse ihrer Motive gedämpft werden. Wir bedürfen der konstruktiven Seiten, der sublimierten Formen der Aggression; keine Gesellschaft kann ohne Wettbewerb – worin er nun bestehe – und ohne die festlichen Höhepunkte, die er bringt, gedacht werden. Aggression ist eine Grundmacht des Lebens.

Auch Dummheit wird nicht gänzlich abzuschaffen sein, sie kann aber doch in ihren gefährlichen Formen in befreiender Weise aufgehellt werden. Die lange infantile Abhängigkeit des Menschen schafft die Voraussetzung für später oft unauflösliche entwicklungshemmende Identifikationen (wie natürlich auch umgekehrt für entwicklungsfördernde). Die Einengungen, die diese Identifikationen mit sich bringen, sind zunächst in unserem Leben unvermeidlich. Ohne Vorbilder könnten wir uns in der Welt nicht zurechtfinden. Diese kindliche Bedürftigkeit braucht aber nicht in lebenslange intellektuelle Hilflosigkeit, in politische Kindischkeit, überzugehen, so daß die Vorbilder keinem kritischen Blick unterworfen werden können. Das ist eine vermeidbare Folge der frühen Bindung an Vorbilder.

Es läßt sich im Gegenteil zur genaueren Diagnose die antimanipulative Formel bilden: Dummheit wird gewünscht, wo nachweislich Information unterschlagen und Selbstentfaltung durch einschüchternde Tabus verhindert wird. Unsere Schulen waren bisher vorwiegend Schulen sozialer Klassen und der Nation. Beide hatten ein Interesse, manche Information zu vermitteln und anderes zu verbergen. Daran nagt der Zahn der Zeit. Subkulturen, Schichten und Nationen finden sich allmählich in der unbequemen Lage, ihre Werte, ihre Gepflogenheiten, ihre Urteile, ihre Ziele dem kritischen Denken ausgesetzt zu sehen. Man muß demnach die Bekämpfung dieser erzieherisch oft unbemerkt und unbewußt erzeugten Dummheit zu den wesentlichsten Aufgaben der Friedenssicherung zählen.

Verhärtete Institutionen, ritualisierte Interessenkonflikte, scharf bewachte Tabus, all diese Versuche, den Zerfall sozialer Gebilde zu verhindern, die dann schließlich im historischen Prozeß beim Gegenteil ihrer Wirkung anlagen und diesen Zerfall nun ihrerseits unheilvoll verstärken – all diese paradoxen Wirkungsketten waren mir nur auf der Mikro-Ebene zugänglich: bei der Beobachtung meiner Patienten und des Verhältnisses, das sich zwischen ihnen und mir entwickelte und das wie in einem Brennspiegel die Prozesse der Erziehung verdichtet zeigte. Wo der Patient fähig war, die Grenzen seiner Selbstwahrnehmung zu erweitern, konnte er sich vom Zwang befreien, aggressiv sein zu *müssen*. Aber auch das Umgekehrte war möglich. Er konnte vielleicht aggressiv werden, wo er es bisher nicht zu sein vermochte; aber diese Aggression stand jetzt mehr im Zeichen einer notwendigen Selbstbehauptung oder in einer Vermengung mit libidinöser Zuwendung zu den Objekten der Welt, als im zwanghaften Bedürfnis, sich oder andere zu destruieren.

So kann man eigentlich die psychoanalytische Therapie als die Entdeckung eines neuen Weges zur Entwicklung menschlicher Solidarität beschreiben (neben vielen anderen Möglichkeiten ihrer Definition). Psychoanalyse hat gewiß etwas zum Verständnis der Prozesse beizutragen, die Gruppen vereinen oder sprengen; ihr Heimatboden ist und bleibt aber der Versuch der Aufklärung der Konflikte, die das Individuum durchlebt.

Ich weiß, es ist unschicklich, in Stunden wie dieser vom Geld zu sprechen. Ich breche das Verbot. Aus dieser Erfahrung begrenzter, überschaubarer Verantwortung heraus möchte ich gerne die Geldmittel, die an den Friedenspreis geknüpft sind, an eine Organisation weiterreichen, deren praktizierte humane Solidarität und Liberalität mir Respekt einflößen. Es ist dies »Amnesty International«, eine internationale Hilfsorganisation für politische Häftlinge. In Deutschland betreuen, wie ich vernehme, über 140 Gruppen vor allem junger Menschen unter persönlichen Opfern je drei politische Gefangene und versuchen, deren Not zu lindern. Jeweils ein Gefangener ist in einem Land des Ostblocks, in einem westlichen oder in einem der Dritten Welt inhaftiert. Die Hilfsaktion hängt allein an der Qualität, daß der andere ein Mitmensch ist. Indem wir solche Hilfe anbieten, verwirklichen wir Solidarität. Tun wir das nur auf privater Ebene, wie man vielleicht einwenden wird, also ohne politischen Effekt? Ich glaube eher das Gegenteil. Natürlich verringern wir dabei das gewaltige »Kulturhindernis der Aggression« nur um winzige Mengen, vor allem nicht prophylaktisch, sondern indem wir bereits in den Brunnen gefallenen Kindern helfen. Es ist mir klar, daß das nicht etwa ein soziologischer Beitrag zum Frieden oder auch nur zur Friedensforschung ist. Aber mit diesen objektiv zunächst winzigen Beiträgen erleichtern wir doch faktisch für einen einzelnen, benennbaren Menschen das Leben und verringern dabei seine Verzweiflung und eine Verhärtung seiner Aggression. Man müßte blind für die Zeichen der Zeit sein, wenn man in ihnen nicht die Verzweiflung allenthalben entdeckte.

Wird es auf dem Weg in die Zukunft eine Erleichterung von der Bürde der Aggression geben? Dies hängt davon ab, ob uns eine Art der Selbstüberwindung gelingt, die auf dem Respekt vor dem Mitmenschen gründet. Selbstüberwindung also nicht in Opferhaltung, um unseres eigenen Seelenheiles, sondern um des Verständnisses der Pluralität menschlicher Daseinsformen willen. Skepsis, was unsere Güte betrifft, ist sicher angebracht. Wie die Welt auch aussehen mag, bewohnbar wird sie nur bleiben, solange wir Glück und Unglück des Einzelnen nicht aus dem Auge verlieren.

HANS EBELING

Der abhanden gekommene Krieg und die Unmöglichkeit des Friedens

I Zeitvergleich

Es könnte verwundern, daß der Friede nicht behagt. Denn der Unfriede ist unbehaglich genug. Mitscherlich hat das Verwunderliche weiterbefördert. Doch seine Zeit war schließlich (gewiß nicht von Anfang an) überschaubar. Der angedrohte 3. Weltkrieg hielt die übliche Feindseligkeit im Zaum. Eine größere Dummheit als dieser vorläufig abhanden gekommene letzte Krieg war ohnehin nicht herzustellen. Es wäre heute verwunderlich, wenn sich die Antagonismen nicht wieder auslebten. Dadurch entsteht der Anschein einer Rückkehr zu den vertrauten mörderischen Zeiten Freuds. Mitscherlich wäre dann also fern?

Der Kampf um die gebührlichen Preisträger hält auch heute an. Mitscherlichs ungebührliche Erinnerung an brasilianische Geburtenraten von 1969 wird heute nur so beantwortet, daß die Überzähligen unter den Straßenkindern erschossen werden (und für die Polizei sind sie alle überzählig). Wäre es da nicht besser gewesen, Alexander Mitscherlich hätte sich an Jonathan Swift ein Vorbild genommen?

Dessen »modest proposal for preventing the children of poor people from being a burthen to their parents or the country and for making them beneficial to the public«, war schließlich eine alte seit 1729 bereitstehende Antwort zur Lösung entsprechender Probleme der Übervölkerung: rechtzeitig schlachten (im Alter von einem Jahr) und zum Verzehr anbieten, vorzüglich den Großgrundbesitzern. Da diese ohnehin schon die meisten Eltern verschlungen hätten, hätten sie dann doch wohl auch den nächsten Anspruch auf die Kinder.

Als Mitscherlich im Herbst 1969 Frieden anmahnte und seine Gefährdung namhaft machte, war längst schon eine neue Schwelle überschritten, die zur endgültigen atomaren Friedlosigkeit im internationalen Verkehr. Wohl festigte sich, nicht zuletzt durch den Redner selbst, ein neuer Geist der Friedfertigkeit und des Ausgleichs. Doch im nationalen Bereich ergab sich nach dem Schnitt von 1968 zunächst nur neue Zerreißung. Die Friedlosigkeit wurde zur fundierenden Bestimmung der westdeutschen Teilrepublik selbst. Auf die Zeit der Friedhofsruhe folgte die Zeit des linksradikalen Terrors, von dem sich später zeigte, daß er in der Tat von der DDR unterstützt, zum Teil angeleitet wurde. Eine noch weit gefährlichere Schwelle war längst auch im Herbst 1992 überschritten, von der einmal zu hoffen stand, sie würde in Deutschland auf keinen Fall wieder zu überschreiten sein. Nach dem Einschnitt von 1989 verrutschte die neue Bundesrepublik im anderen und vertrauten rechtsradikalen Terror. »Die Unfähigkeit zu trauern« wurde erst jetzt wahr. Der hoffnungsvolle Aufbruch war zunichte geworden. Die eigentliche Bildungskatastrophe bestand darin, daß nicht zu wenige, sondern daß zu viele studierten, aber das, worauf es ankam, nicht lernten: die Beherrschung der Feindseligkeit. Statt dessen folgte auf die eine anerzogene Dummheit nur die nächste: die Illusion der Friedfertigkeit. Die Deutschen hatten von Mitscherlich nichts gelernt.

II Das Verdienst

Er hatte aber die Nation nicht etwa emphatisch umstürmt, sondern verhalten, 1969 nicht den neuen Menschen verkündet, sondern den alten bezähmbarer machen wollen, gerade nicht die Illusion des ›von Natur‹ guten Menschen befördert, sondern mit Freud vor der schwierigen Natur gewarnt, die bleibt, auch wenn das soziale Elend aufgehoben wäre. Sein eigentliches Verdienst war es also, den Blick auf politische und soziale Zerstörungsmechanismen zu lenken, und *zugleich* sich der Naivität der Aufklärung zu enthalten, die Aufhebbarkeit des Übels überhaupt proklamieren möchte. In der Breitenwirkung war Mitscherlich in den 60ern ohne Konkurrenz, wenn es um solche erfahrungsgesättigte Aufklärung zu tun war statt um marxistische Indoktrination. Der politische Arm der Psychoanalyse hat verhindert, daß die neomarxistische Naivität noch mehr an Boden gewann. Aber im Grunde blieb Mitscherlich der neuen linken Kirchengläubigkeit gegenüber so machtlos wie der alten rechten. Ein differenzierter Begriff der Aufklärung versagt vor beiden Altären, an denen der Intellekt seine Opfer bringt, nämlich sich selbst zur Abdankung.

Nach dem Ausbruch des rechtsradikalen Terrors in der neuen Bundesrepublik ist es aber nicht die Zeit für das Lob der vergangenen Leistung, ein Lob, dessen Mitscherlich ohnehin nicht bedarf. Heute müssen wir uns fragen, warum seine Lebensarbeit wie in den Sand gesetzt wirkt, warum speziell die Aufarbeitung der deutschen Vergangenheit wie nicht geleistet erscheint, warum seine umfängliche und wiederkehrende »Anstiftung zum Unfrieden« so wenig Nutzen trägt. Es gibt für die Beantwortung dieser Fragen größere Themen, nämlich globale Zusammenhänge. Ich beschränke mich aber auf die kleine Bundesrepublik Restdeutschland, die gerade unüberschaubar genug ist. Die noch viel kleinere Republik, auf die sich Mitscherlich in seiner Paulskirchenrede bezog, mag als Erinnerung mitschwingen. Sie ist aber nicht mehr bewußtseinskonstitutiv, weil untergegangen wie die DDR.

Über *Feindseligkeit und hergestellte Dummheit* läßt sich erneut trefflich streiten, seitdem die Feindbilder wieder deutlich besetzt sind. Feinde sind die jeweilig anderen: die aus dem anderen Teil Deutschlands, die aus den anderen Teilen Europas und der Welt. *Ein* Feindbild bleibt unterprofiliert. Regierungen, die nicht regieren. Ist es nur ein Bild? Ist es ein illegitimes Bild? Über Regierung (und vertraute Opposition) wußte Platon im Bild des Staats-Schiffes zu sprechen, ohne daß Regierung und Scheinopposition noch Feind*bild* waren. Sie *sind* Feinde, da Repräsentanzen der Unvernunft:

»Denke dir, auf vielen Schiffen oder auch nur auf einem ereigne sich Folgendes: der Schiffsherr übertrifft zwar an Größe und Stärke alle auf dem Schiff, ist aber harthörig und kurzsichtig; ebenso schlecht steht es mit seiner Kenntnis des Seewesens. Die Matrosen aber streiten miteinander über die Führung des Steuers, jeder meint, ihm käme dieses Amt zu, ohne daß er doch jemals diese Kunst erlernt hat oder seinen Lehrmeister angeben kann oder auch nur die Zeit, in der er sie erlernt hätte. Überdies, denke dir, behaupten sie noch, diese Kunst sei überhaupt nicht erlernbar, ja wer sie für erlernbar erklärt, den wollen sie ohne weiteres in Stücke reißen. Sie drängen sich nun immer um den Schiffsherrn, bitten ihn und bieten alles auf, daß er ihnen das Steuer übergebe; und wenn nicht sie, sondern andere ihn für sich gewinnen, so kommt es auch vor, daß sie diese anderen ermorden oder über Bord werfen. Den vortrefflichen Schiffsherrn aber bringen sie durch ein Schlafmittel oder durch Trunkenheit oder wie sonst in ihre Gewalt. Darauf übernehmen sie selbst die Leitung des Schiffes und verfügen über alles, was darin ist. Wer sich als geschickter Helfer erweist bei ihrem Bemühen, durch Überredung oder Überwältigung des Schiffsherrn das Kommando zu übernehmen, den loben sie überdies und nennen ihn einen guten Seemann, geschickten Steuermann und Kenner des Schiffswesens. Wer ihnen aber nicht zu Willen ist, den tadeln sie als unbrauchbar; vom rechten Steuermann jedoch wissen sie nicht einmal so viel, daß er sorglich acht haben muß auf Jahres- und Tageszeit, auf Himmel und Sterne, auf Luftströmungen und alles, was sonst in sein Fach schlägt, wenn er in Wahrheit Schiffsführer sein will. Daß aber einer dazu kommt, das Ruder zu führen mit oder ohne Zustimmung von einigen, das ist ihrer Ansicht nach eine Kunst und eine Betätigung, die unvereinbar ist mit der Erlernung der Steuermannskunst. Wenn also derartige Vorgänge sich auf den Schiffen abspielen, wird da nicht der wahrhaft des Steuerns Kundige deiner Meinung nach tatsächlich nur als Sterngucker, Schwätzer und unbrauchbar bezeichnet werden von der Besatzung solcher Schiffe?« (Platon: Politeia 488 a–489 a nach Apelt.)

Die repräsentative Unvernunft ist die Volksvertretung der Unvernunft. Hier sind zufällige Regierung und zufällige Opposition einig darin, daß ihre

Tätigkeit *lebt* von Feindseligkeit und anerzogener Dummheit. Mitscherlichs politisches Verdienst ist es, diesen Sachverhalt für die Vergangenheit bis 1969 ins Bewußtsein gerückt zu haben. Die von ihm erstrebte Erziehung zu selbständigem Denken, die Überwindung der Dressur und andressierten Ich-Schwäche, das Absehen von Statusvorurteilen und -vorteilen, *die neue Erziehung des alten Menschen,* dergleichen ist so gründlich mißlungen, daß die neue Unerzogenheit heute in Regierung und Opposition die Feindbilder weiter pflegen kann und die hergestellte Dummheit selbst mit geringen Verschiebungen weiterregiert. Wir haben von den 60ern zu den 90ern keinen Fortschritt bei der Steuerung der Feindseligkeit und andressierten Dummheit gemacht, sondern beide sind nur noch einmal schlimmer ausgefallen. Gewiß: »Nationale Dummheit und nationaler Stolz wachsen aus einem Holz.« Und warum immer noch? Weil Erziehung im wesentlichen gar nicht mehr stattfindet. Wir dürfen nicht übersehen, daß dies der Erfolg der guten Absichten auch Mitscherlichs ist. Heute ist die Bundesrepublik kaum noch zu einer weiteren Entsublimierung der Erziehung fähig, weil sie den Übergang von der bürgerlichen Gesellschaft in die proletarische Vereinigung nur um den Preis schaffen konnte, die neue Dummheit zu lizensieren: durch kultischen Ausstoß von Abiturienten: jedem sein Zeugnis der Reife wie vormals jedem seine Absolution.

III Todestrieb?

In seiner bedeutenden Frankfurter Antrittsvorlesung über »Die Idee des Friedens und die menschliche Aggressivität« hatte Mitscherlich 1968 eingehender als in der vorstehenden Rede von 1969 Freuds Konstrukt des seit langem umstrittenen »Todestriebs« erinnert und mit anderen noch einmal gefragt, ob es denn dergleichen gebe, einen »Selbstvernichtungstrieb« als das verborgene Radikal der Aggressivität. Hält sich Mitscherlich hier als Theoretiker bedeckt, so hat der politische Praktiker doch Anschauungsmaterial genug gewinnen müssen, der Hypothese Freuds nahezubleiben, die ihm freilich als »ein Stück philosophischen Sinnverstehens« gilt.

Als Philosoph bin ich hier einmal weniger reserviert, nicht freilich, weil ich irgend etwas von sog. philosophischem Sinnverstehen hielte (das gibt es nur noch in den Köpfen der Psychoanalytiker und der rückwärtsgewandten »Bauchredner des Seins«). Wichtiger noch als die Eingrenzung anerzogener Dummheit bleibt die Begrenzung unserer womöglich fixierten Feindseligkeit. Hier liegt nicht mehr soviel im Dunklen und das meiste schon allzusehr am Tage. Gewiß darf das Konstrukt Freuds nicht daran gemessen werden, womöglich unter Laborbedingungen entscheidbar zu sein. Die Gattung *hat* aber beinahe schon über die Konstruktion entschieden. Und es interessieren uns in der Tat Globalbedingungen im Interesse des gemeinsamen Überlebens. Was Freud noch Anlaß zu einer spekulativen Reise war, wird inzwischen vor aller Augen sichtbar:

Die anhaltende Schwierigkeit beim Herstellen von Frieden ist die Kalkulierbarkeit des Nutzens für den Einzelnen, die Völker, die Gattung selbst. Es bleiben dabei gattungsgeschichtliche Fehler, die vor dem Vernunfthaushalt nicht mehr zugänglich sind. Die bedeutendsten des Jahrhunderts sind die kommunistische Option für die Vernichtung des Bürgertums, die nationalsozialistische für die Vernichtung des Judentums, die west-östliche Hochrüstungsoption für die Vernichtung der Gattung selbst. Ebenso das umgesetzte wie das zeitweilig abgebremste Aggressionspotential ausschließlich destruktiver und autodestruktiver Art lassen es heute geboten scheinen, für die Makrostruktur der Gattung beinahe ungeschmälert zu den *Grund*annahmen des späten Freud über Eros und Thanatos zurückzukehren. Dabei ist der Ausdruck eines *Todestriebs* nicht von größerer Bedeutung, der Befund freilich aufdringlicher denn je, seitdem das 20. Jahrhundert als das Jahrhundert der Zerstörung überschaubar wird und das Gattungskollektiv ex negativo, nämlich angesichts seiner Bedrohung, bestimmbar ist.

Die Natur hat es nicht darauf angelegt, das menschliche Überleben zu gewährleisten. Dieser Prozeß setzt sich heute fort in der einzigen vorläufigen Überlebensform der Kultur als sog. technischer Zivilisation. Die kulturelle Profilierung der Natur ist nicht die des Besserwerdens des Menschen, sondern des Besserwerdens der Mittel seiner Vernichtbarkeit. Zwischen jener Natur und dieser Kultur liegen intermittierende Bewegungen, ebenso seine tatsächliche *Un*natur wie seine tatsächliche *Un*kultur erträglicher zu machen, etwa Philosophie, Psychoanalyse, die Künste. Aber es ist an der Zeit zu begreifen, daß dies *nur* intermittierende Bewegungen sind. Sie gehen vorüber wie die menschliche Gattung selbst, auch wenn wir uns genau dies gar nicht zureichend eingestehen *dürfen*, da andernfalls der Prozeß der Vernichtung auf der Erde, zu Wasser, zu Lande in der Luft noch beschleunigt würde. Denn wir *dürfen* nicht den tödlichen Destruktionstrieb noch dadurch übermächtig werden lassen, daß es bei der anerzogenen Dummheit dieser oder jener Variante bleibt.

Die konstitutive Feindseligkeit des Menschen gegen seinesgleichen ist nur bekämpfbar, wenn sie uneingeschränkt als solche anerkannt, also auch so benannt und in nichts verschleiert wird. Hinter ihr steht eine intrinsische Motivation der Gattung, alle Spannungszustände des Lebens auf Null abzugleichen. Die konstitutive Feindseligkeit wird ungebremst tödlich bei konservierter Dummheit. Die Aufgabe der Philosophie, der Psychoanalyse und der Künste ist es, die Feindseligkeit abzufangen durch Aufbrechen der anerzogenen Dummheit. Selbst läßt sich die Feindseligkeit nicht aufbrechen, bestenfalls einkapseln auf Zeit.

Wenn wir hiervon ausgehen müssen, mit deutlichstem Akzent und bestimmtem Sinn nach der Erfahrung der letzten Jahrzehnte, so zeigen sich Aufgaben, die ungelöster sind denn je. Ihre schwierigste im engen mitteleuropäischen Bereich der Bundesrepublik ist die Aufhebung einer Verwahrlosung der nachgewachsenen Generation und ihrer neuen Friedlosigkeit.

IV Jugendkatastrophe

Nach einer harmlosen Bildungsmisere in Westdeutschland bis in die 60er Jahre hinein, die im wesentlichen darin bestand, daß sich die ökonomisch-technischen Ressourcen nicht zureichend ausschöpfen ließen, ergab sich eine Umpolung des gesamten Bildungssystems auf die Befriedigung von Massenbedürfnissen. Schulen wie Hochschulen waren freizugeben für die sog. Selbstverwirklichung einer Klientel, die eben dadurch um die Möglichkeit gebracht wurde, so etwas wie ein ›Selbst‹ überhaupt zu gewinnen. Es handelt sich um ein Phänomen wie im Übergang aus einer Pariser Stadtkultur ins Walt-Disney-Land vor den Toren von Paris. Man könnte es vergessen, möchte es wohl, wäre damit nicht verbunden, was heute als *Kinderkreuzzug* die Politik bestimmt, verschärft durch den Zusammenbruch der DDR als Kriminal:

Die aktuelle Jugendkatastrophe besteht nicht mehr primär in neuer anerzogener Dummheit der ›Friedfertigkeit‹ (obwohl auch diese bedrängend genug ist), sondern darin, Jugendliche quasi im Naturzustand zu belassen, gerade noch armiert mit einem Videoband oder Funkgerät oder ›Molotowcocktail‹. Die Verwahrlosung in Mitteleuropa entspricht dem Stand des südslawischen Kriegs, der Wiederholung frühneuzeitlicher Stammesfehden bei Ölzufuhr als Akzessoir. Die neofaschistischen Jugendhorden in Mitteleuropa sind die konsequente Antwort auf die sog. Bildungsreformen der 70er Jahre. Sie dokumentieren den Ausfall jeder Erziehung. Sie enthüllen wieder, was wir alle oder fast alle zu vergessen geneigt waren: die Unmöglichkeit des Friedens nach dem vorläufig abhanden gekommenen großen Krieg. Sie enthüllen das Antlitz des Menschen, jeder in seinen Träumen ein kleiner Cesare Borgia ohne die Seele Jesu Christi, frei auch von allem Bildungsballast, was dies einmal gemeint haben könnte. Die neuen deutschen Totschläger sind nicht mehr die Kinder von Marx und Coca-Cola, sondern die Frucht diverser gescheiterter Reformen zum Zwecke der Abschaffung des Menschen selbst.

Diese jüngste Jugendkatastrophe, deren eigentliche Pointe es ist, daß vorzüglich durch sie die

Vereinigung Restdeutschlands dokumentiert wird, ist das Wirklichwerden der *neuen* Dummheit. Deren Kern ist der Verschleiß der Identitätsbildung in der Diffusion. Es diffundiert, verfliegt die Einheit der Person. Die neueste anerzogene Dummheit ist die Herstellung von Nichts, die Überlassung an den Todestrieb und sein ungehemmt destruktives Sichausleben. Es zeigt sich, daß es nicht genügt, an die Stelle der Nationalsozialismen die bloße Beteuerung christlich-sozialistischer Unschuld und demutsvoller Friedfertigkeit aus Achtung vor dem ›Leben‹ zu setzen. In der Folge eines solchen Konformismus, den die jüngste »archaische pädagogische Arbeit« produziert hat, wurden die unschuldigen Kindlein, unsere lieben Kleinen, Brandstifter der Nation, angestachelt von einem latenten Antijudaismus ohne Juden.

Die neueste anerzogene Dummheit ist die abschließende Annahme, eine Erziehung des Menschen erübrige sich überhaupt. Ihrerseits unerzogene, richtungslose sog. Erwachsene haben sich treiben lassen und mit ihnen ihre Nachfahren: in der geheimen Erwartung des Knalls. Die Erziehungsunfähigkeit vor allem angeblich ›emanzipierter‹ Eltern, der von dort geförderte Autoritätsabbau bis in die Unterschichten hinein und die seit 20 Jahren anhaltende wiederkehrende Verstärkung durch eine sog. antiautoritäre Pädagogik haben bei dem gefährdeten Teil der nachwachsenden Generation nur das totalitäre Verlangen begünstigt, soweit er nicht den anderen Weg der Illusion gewählt hat, den Abstieg in die Drogenwelt, den vorzeitigen Abgang in den Hades. In beiden Varianten ist Hitlers Rache erfolgreich und der Todestrieb erfahrbar, den die neueste Dummheit nach dem sonntäglichen Zwischenspiel der ›Friedfertigkeit‹ nicht hemmt.

Toleranz nicht als Kampfbegriff der Behauptung von Freiheitsrechten gegen Usurpationen des Adels, sondern als Weichheitsgebot für pflegeleichten Umgang mit Beliebigem, produziert nur wieder Beliebiges, damit aber nur die ins Leere gesteigerte Sehnsucht nach nicht mehr Beliebigem. Eine Erziehung zum demokratischen Rechtsstaat ist nicht erfolgt. Dieser meint nicht primär Ausrichtung auf Ausgleich und Kompromiß, sondern den scharfen Riß zwischen Recht und Unrecht. Das Auszeichnende der neuesten Dummheit ist der kriterienlose Umgang mit Recht und Unrecht, die deshalb beide gleich viel gelten, also nichts.

V Alles besser als Krieg

Wäre es uns aber nicht vergönnt, all dies leichteren Sinnes und mit größerer Gelassenheit aufzunehmen, da jedenfalls die Verwandlung des ›Kalten Krieges‹ in den ›heißen‹ unterblieb und uns allen

Jahre des Lebens geschenkt sind, auf die durchaus nicht zu rechnen war?

Der Große und Letzte Krieg, der nicht kommen will, die im weltpolitischen Kalkül schon vollzogene Abgleichung aller Lebenstendenzen zu nichts, hinterläßt freilich nur den Frieden, der ›unmöglich‹ ist, nämlich die Friedlosigkeit der Bürgerkriegsszenarien und kleinen Zusammenrottungen. Zugleich laufen die Uhren schneller als noch zu den Zeiten Mitscherlichs: auch die ökologischen Katastrophen sind Gemeingut geworden, nicht nur, daß sie von allen zu teilen sind, sondern daß sie ins allgemeine Bewußtsein getreten sind, freilich folgenlos wie das allgemeine Bewußtsein des vorläufig ausgefallenen Kriegs. Aber selbst das ist eben unvergleichlich ›besser‹ als der Vollzug des allerletzten Kriegs.

Die Zeit, die in die selbsternannte Postmoderne abgekippt war, hat keine Wahl mehr außer die, denn doch wie auch immer ›gereift‹, zu dem zurückzukehren, was einmal ›das Projekt der Moderne‹ genannt worden war (und das sehr viel weiter reicht als die Habermas-Variante, nämlich die Vermittlung von Moralität *und* Mortalität meint). Dabei genügt aber gerade nicht das Verkündigen des Friedens ex cathedra und das eifrige Gemurmel der Gemeinde. Es genügt auch nicht die faktisch gegen den Staat Israel gerichtete Friedenserklärung des (inzwischen forciert jüdischen) Philosophen Ernst Tugendhat, einem der wenigen Vertreter deutschsprachiger Philosophie, der den Golfkrieg von 1991 noch ungerührt und unbelehrt nach denselben Kriterien beurteilen konnte wie den ausgefallenen großen Atomkrieg. Es genügt auch nicht der appellative Ton der Nachfahren Freuds und jetzt auch Mitscherlichs, die sich den Problemen neuer Völkerwanderungen der Gegenwart durch ein gutgemeintes Rührstück verschließen, wie es die »Erklärung der Deutschen Psychoanalytischen Vereinigung« (Wiesbaden 19. Nov. 1992) tatsächlich ist. Sie alle usurpieren mit besten Absichten ein ›Wir‹, das doch nur neue Anmaßung ist:

»Wir Psychoanalytiker wissen, wovon wir sprechen«, heißt es. Die neue anerzogene Vernunft weiß aber nur, wenn auch gelehrt, zu sagen, was als Parole der Tagespolitik bekannt ist: »Auch Willy Brandt war Asylant.« Der larmoyante Rückblick auf die Verfolgung der Psychoanalyse im Nationalsozialismus ist noch kein kluger Vorblick auf die europäische Notwendigkeit der Selbstverteidigung. Der abstrakte Universalismus der politischen Psychoanalyse ist so gefährlich wie derjenige der politischen Philosophie. Der ekklesiogene Moralismus in der Politik schadet in allen Varianten alter und neuer Kirchtümer dem *einen* Frieden, dem äußeren wie dem inneren, weil er die konstitutive Feindseligkeit des Menschen gegen den Menschen nicht zureichend wahrhaben will, wie sie nach dem vorläufig übersprungenen 3. Weltkrieg anhält. Die Gründe der Gefährdung werden allzu schnell übersprungen. Der Sinn für die Realität wird aber besser befördert durch den Melierdialog des Thukydides. Über ihn hat Nietzsche in der *Götzen-Dämmerung* gesagt: »Meine Erholung, meine Vorliebe, meine *Kur* von allem Platonismus war zu jeder Zeit *Thukydides*.« Denn er war und ist die Rückkehr zu den tatsächlichen Triebkräften des Handelns, ohne daß wir es nötig hätten, die Emphase Nietzsches gutzuheißen.

Es gibt einen Erdteil, der heute Gelegenheit hat, sich noch einmal zu formieren, Europa, »dieser Nasenpopel« an der Spitze Asiens, wie ihn Gottfried Benn illustriert hat. Dieses unruhige Stück Land muß sich formieren nach dem Programm von Charles de Gaulle: verteidigungsbereit dans tous les azimuts, nach allen Richtungen. Es muß sich auch von der einzigen noch verbliebenen Weltmacht, die derzeit ohne jede signifikante Konkurrenz ist, abkoppeln und den neuen Schrecken der U.S.A. bekämpfen, eines Weltpolizisten mit dem Weitblick eines Dorfpolizisten.

Aber Europa hat seine südslawische Lektion noch nicht gelernt, die Befreiung vom schändlichen Einfluß der Religionen und Ersatzreligionen. Für Nietzsche war in derselben *Götzen-Dämmerung* das Christentum »eine Metaphysik des Henkers«. Die Europäer sind immer noch Henker, neuerdings solche, die sich auch wieder selbst hängen lassen, wenn sie dem südslawischen Schlachtefest zuschauen wie die Marktweiber dem Geschäft der Guillotine von 1793 ff.

Den Europäern fehlt der Mut zu sich selbst, zur Befreiung von christlicher, islamischer, faschistischer, kommunistischer Henkermentalität. Ein humaner Umgang miteinander setzte die Bereitschaft der Europäer voraus, auf jede religiöse oder pseudoreligiöse Verklärung des Unheils zu verzichten. Das wäre erst ihr Ausgang aus selbstverschuldeter und ältester anerzogener Dummheit, um danach mit der entsetzlichen Feindseligkeit des Menschen gegen den Menschen fertig zu werden. Diese läßt sich nicht ablegen, aber in Ketten schließen. Zu solchem Zwecke gibt es *Vernunft*, die an ihr selbst universal ist, aber deshalb kein Elend welcher Region auch immer hinnimmt und kein Leiden eines Einzelnen gleichmütig duldet.

Europas Krankheit zum Tode ist aber, den Destruktionstrieb nur an sehr langer und loser Leine zu führen. Es wäre eine Illusion zu glauben, daß der eigentliche europäische Todestrieb schon kontrollierbar würde ohne den großen und allerletzten Krieg. Denn dieser Trieb hat sich längst als *Physik des Henkers* durchgesetzt, vorzüglich als Atomphysik und der friedliche atomare Schrecken in Osteuropa. Der in den Osten ausgelagerte Todestrieb ist unterwegs, den Westen wiedereinzuholen. Europa ist als ganzes geeint in mangelnder Bereitschaft, sich selbst zu verteidigen – angesichts seiner eigenen Physik und bestärkt durch seine ›Metaphysik‹ des Untergangs.

Man muß sich Weltgegenden vorstellen, die zu keiner Resurrektion mehr fähig sind, wie Schwarzafrika oder Indien. Es ist noch nicht ausgemacht, daß Feindseligkeit und hergestellte Dummheit in Europa geringer wären. Es gibt nur ein Versprechen: den produktiven, den freisetzenden Verlust der Religion. Hier schreitet Westeuropa in der Tat voran. Mit Mitscherlich zu reden: »Die Energie des Zorns muß umgesetzt werden, ehe sie in Haß erstarrt.« Wird aber Europa noch energisch genug sein, sich zu einem *wünschenswerten* Eurozentrismus zu bekennen, nämlich die Menschenrechte auch gegen den Willen der U.S.A. zu verteidigen? Erst dann sind wir in Europa angekommen. Mancher fürchtet, es sei dafür schon zu spät.

VI Friedenslösung

Mit 70 schreibt Sigmund Freud an Romain Rolland: »Der Menschenliebe hing ich selbst an, nicht aus Motiven der Sentimentalität oder der Idealforderung, sondern aus nüchternen, ökonomischen Gründen, weil ich sie bei der Gegebenheit unserer Triebanlagen und unserer Umwelt für die Erhaltung der Menschenart für ebenso unerläßlich erklären mußte wie etwa die Technik.« Es ist angemessen, mit diesem Satz zu verfahren wie Mitscherlich, nämlich Freud anzuhängen, deutlich über die Zunft hinaus.

Mitscherlich hatte a. Gr. seiner politischen Erfahrungen zunächst wenig Anlaß zur Menschenliebe. Seine geplante Dissertation über Luther fand 1932 keinen neuen ›Doktorvater‹, nachdem der Historiker Paul Joachimsen gestorben und sein Nachfolger nicht bereit war, eine Arbeit, die bei einem jüdischen Kollegen begonnen wurde, weiter zu betreuen. Das geisteswissenschaftliche Studium Mitscherlichs mit dem Hauptfach Geschichte brach so unvermittelt ab (blieb aber für sein ganzes weiteres Werk mitbestimmend). In Berlin geht Mitscherlich unter die Buchhändler zum Zwecke des Überlebens (und spricht deshalb in der Friedenspreisrede die »ehemaligen Kollegen vom Buchhandel« an). Zugleich nimmt er das Medizinstudium auf. Als politisch Gefährdeter emigriert er 1935 nach Zürich. 1937 gerät Mitscherlich bei einer illegalen Reise nach Deutschland für acht Monate in Untersuchungshaft. Es gelingt ihm zu überleben. Als inzwischen in Heidelberg promovierter und habilitierter Mediziner und analytischer Beobachter nimmt er 1946/47 teil am Nürnberger Prozeß gegen NS-Ärzte. Seine Dokumentation (zusammen mit Fred Mielke) wird diffamiert, er wird ›Nestbeschmutzer‹ und Opfer einer äußerst massiven Rufmordkampagne. Keine günstigen Voraussetzungen für ›Menschenliebe‹.

Auch die Erfahrungen der späten 60er sind dafür nicht geeignet. Joseph Conrads »Heart of Darkness« allerorten. 1969 ehrt sich die Gesellschaft selbst, die Mitscherlich durch den Friedenspreis ehrt, zeigt aber keinerlei Neigung zur schärferen Selbstkontrolle ihrer eigenen Aggressivität. Speziell die Hochschullandschaft ist gekennzeichnet durch die Einheit professoraler wie studentischer Verbohrtheit bei der Abwehr wie Herstellung ›neuer‹ Verhältnisse. Mitscherlich ist zusammen mit wenigen anderen fast vollständig isoliert.

Warum dann ›Menschenliebe‹ und nicht vielmehr nicht? Es sind immer wieder unverzichtbare Interessen, die zur Anteilnahme am Gattungsschicksal zwingen, auch wenn es nicht möglich ist, die Menschheit im emphatischen Sinne zu lieben. Schon Kant war allzu bewußt, es könne ohnehin nur »eine Liebe des Wohlwollens, nicht des Wohlgefallens sein«. Auf dem *amor benevolentiae* aber besteht er gegen Moses Mendelssohn und dessen Verzweiflung am Weltlauf, die heute plausibler ist als Kants Setzen auf den Gattungsprozeß zum Guten. Auch wenn es in dem ablaufenden Jahrhundert noch schwieriger geworden ist, der Gattung mit Wohlwollen zu begegnen, so bleibt doch die Notwendigkeit solcher Menschenliebe jedenfalls aus den ›ökonomischen Gründen‹ Freuds.

Mitscherlichs *Friedenslösung* ist prinzipiell ohne Alternative. Das Gegenstück wäre nur, etwa mit Heidegger zu erklären, nur noch ein Gott könne uns retten. Dieses Stück ist aber schon zu häufig inszeniert und schon von zu viel Menschenhaß begleitet gewesen, als daß es für die Freunde der Vernunft attraktiv sein könnte. Bleibt also nur, die neuen Schwierigkeiten beim Herstellen von Frieden anzunehmen, auch wenn die alte Feindseligkeit nicht abzutragen und die nachwachsende Dummheit überwältigend ist. Der Geist der Aufklärung bleibt rar, die Zahl der Friedens*reden* horrend, Mitscherlichs Rede dabei glaub*würdig*, nämlich bestimmt von dem Willen, tätig den Frieden herzustellen.

Man muß schwarzsehen können, also Realist sein, um etwas zum Guten zu richten, also noch mehr als Realist sein. Das meint den wiederkehrenden »Versuch, die Welt besser zu bestehen«. In ihr ist mit Mitscherlich anzunehmen, daß die Vernunft vielleicht gerade ausreicht, den Verzicht auf jede Friedenslösung zu verhindern. Geschieht dies nicht, setzt sich die bestehende UnOrdnung bis in den Untergang fort. Es mag aber erlaubt sein, daran zu erinnern, daß eine Theorie der Institutionen, so des Staates, Moral- wie Rechtsphilosophie und auch die allgemeine Thanatologie sich noch ganz anderer Mittel bedienen müssen als die politische Psychoanalyse, da sie der Vergegenwärtigung strikt ›kollektiver‹ und durchaus überindividueller Zusammenhänge dienen, durch die jede Friedenslösung erst auf Dauer gestellt werden kann.

ALEXANDER MITSCHERLICH

Geboren 1908 in München. Psychosomatiker und Psychoanalytiker, Sozialpsychologe und Zeitkritiker. Geisteswissenschaftliches Studium mit dem Hauptfach Geschichte 1928–1932. Medizinstudium in Berlin, Zürich und ab 1938 in Heidelberg bei Viktor von Weizsäcker. 1941 Promotion zum Dr. med., 1946 Privatdozent in Heidelberg. Seit 1947 Mitherausgeber, schließlich Alleinherausgeber der Zeitschrift *Psyche*. Etabliert in Heidelberg die psychosomatische Medizin, seit 1958 außerordentlicher Professor der Medizinischen Fakultät. Nimmt in Frankfurt a. M. als Direktor des Sigmund-Freud-Instituts für Psychoanalyse die durch das NS-System unterbrochene Traditionslinie sozialpolitisch angewandter Psychoanalyse wieder auf. Wird 1967 ordentlicher Professor in der Frankfurter Philosophischen Fakultät. Friedenspreis 1969. Gestorben 26. 6. 1982.

Werke u. a.: *Freiheit und Unfreiheit in der Krankheit. Das Bild des Menschen in der Psychotherapie*, 1946; *Auf dem Weg zur vaterlosen Gesellschaft. Ideen zur Sozialpsychologie*, 1963; *Die Unwirtlichkeit unserer Städte. Anstiftung zum Unfrieden*, 1965; (gemeinsam mit Margarete Mitscherlich) *Die Unfähigkeit zu trauern. Grundlagen kollektiven Verhaltens*, 1967; *Die Idee des Friedens und die menschliche Aggressivität. Vier Versuche*, 1969; *Versuch, die Welt besser zu bestehen. Fünf Plädoyers in Sachen Psychoanalyse*, 1970; *Thesen zur Stadt der Zukunft*, 1971; *Massenpsychologie ohne Ressentiment. Sozialpsychologische Betrachtungen*, 1972; *Toleranz – Überprüfung eines Begriffs. Ermittlungen*, 1974; *Der Kampf um die Erinnerung. Psychoanalyse für fortgeschrittene Anfänger*, 1975; *Ein Leben für die Psychoanalyse. Anmerkungen zu meiner Zeit*, 1980.

HANS EBELING

Geboren 1939 in Braunschweig. Philosoph. Promotion 1967, Habilitation 1975 in Freiburg i. Br. Seit 1981 ordentlicher Professor. Lehrte Philosophie an den Universitäten Freiburg i. Br. und Heidelberg, Berlin (FU) und Frankfurt a. M., Klagenfurt und Paderborn.
Werke u. a.: *Selbsterhaltung und Selbstbewußtsein*, 1979; *Freiheit, Gleichheit, Sterblichkeit*, 1982; *Rüstung und Selbsterhaltung*, 1983; *Neue Reden an die Deutsche Nation*, 1984; *Vernunft und Widerstand*, 1986; *Ästhetik des Abschieds*, 1989; *Neue Subjektivität*, 1990; *Martin Heidegger*, 1991; *Die beschädigte Nation*, 1993; *Das Subjekt in der Moderne*, 1993.

IMPRESSUM

Die Rede von Alexander Mitscherlich erscheint mit freundlicher
Genehmigung des Suhrkamp Verlags.
Aus: »Toleranz – Überprüfung eines Begriffs. Ermittlungen.«
© Suhrkamp Verlag, Frankfurt am Main 1974

Die Deutsche Bibliothek – CIP-Einheitsaufnahme
Mitscherlich, Alexander:
Über Feindseligkeit und hergestellte Dummheit –
einige andauernde Erschwernisse beim Herstellen von Frieden
Rede anläßlich der Verleihung des
Friedenspreises des Deutschen Buchhandels
in der Frankfurter Paulskirche am 12. Oktober 1969
Mit einem Essay von Hans Ebeling. –
Hamburg: Europäische Verlagsanstalt, 1993
(EVA-Reden; Bd. 12)
ISBN 3-434-50112-6
NE: Ebeling, Hans: Der abhanden gekommene Krieg und die
Unmöglichkeit des Friedens
Friedenspreisrede Alexander Mitscherlichs 1969

© 1993 by Europäische Verlagsanstalt, Hamburg

Gestaltung: MetaDesign, Berlin
Signet: Dorothee Wallner nach Caspar Neher
»Europa« (1945)
Herstellung: DIE HERSTELLUNG, Stuttgart
Satz: Steffen Hahn, Kornwestheim
Druck und Bindung: Graphischer Großbetrieb Friedrich Pustet,
Regensburg

Printed in Germany